DIE VIER JAHRESZEITEN

Erstausgabe: Wien, Januar 2015
Verantwortlich für den Inhalt: Michaela Russmann
Konzept und Idee: Michaela und Jochen Russmann
Rezepte und Fooddesign: Michaela Russmann
Fotografie, Gestaltung, Requisitenbau: Jochen Russmann

Produktion: Russmann & Sohn OG

ISBN: 978-3-9503565-5-7

Druck und Bindung: MDH-Media GmbH, A-1220 Wien

www.rohgenuss.at

Inhaltsverzeichnis

FRÜHLINGSERWACHEN

SOMMERFRISCHE

HERBSTFARBEN

WINTERMÄRCHEN

Roh durch das ganze Jahr

Die vier Jahreszeiten lautet das vorliegende Werk von Rohgenussautorin Michaela Russmann. Roh ist das neue Essen! Rohkost ist hip, trendy, sexy und dazu noch enorm gesund. Immer mehr Menschen setzen auf Rohkost, sei es ergänzend zu ihrer gewohnten Ernährungsweise oder als neue Ernährungsform.

Die Temperaturgrenze bei der Verarbeitung liegt bei unter 42 Grad Celsius. Die natürlichen Bestandteile bleiben somit erhalten, insbesondere Vitamine. Der Organismus wird weniger belastet, ein Völlegefühl oder Müdigkeit bleibt nach dem Essen aus. Rohkost ist zudem reich an Ballaststoffen und wirkt sich positiv auf die Verdauung aus. Kein Übergewicht zählt ebenso zu den großen Pluspunkten der rohen Küche.

Das industrielle Kochen hat auch eine bedeutende ökologische Auswirkung. Große Mengen an Ressourcen werden benötigt, um die erforderliche Energie zu produzieren, die für die Industrie für die Herstellung der Nahrungsmittel gebraucht wird. Im Vergleich zu einer westlichen Durchschnittsernährung benötigt eine roh-vegane Ernährungsweise einen kleinen Bruchteil von Energie und produziert kaum Abfall. Außerdem fördert eine Rohkosternährung die lokale und biologische Landwirtschaft, wenn auf den saisonalen Aspekt Rücksicht genommen wird. Die Nutzung von Pestiziden und chemischen Düngemitteln, welche die Umwelt belasten, ist reduziert.

Wie der Titel schon sagt, lautet das Motto „saisonal und roh komponieren“. Das alte Wisssen über Lebensmittel der Saison ist in den letzten Jahrzehnten immer mehr verloren gegangen. Aber es wäre gar nicht so schwer, das Vergessene wieder zu Erlernen. Ein gemütlicher Spaziergang über Märkte, lässt einen schnell wieder verstehen, welche Obst- oder Gemüsesorte aktuell Saison hat. Ein hilfreicher Tipp: Saisonale Produkte kommen großteils aus heimischen Regionen.

Saisonal einkaufen bedeutet auch Gemüse oder Obst neu entdecken. Zudem schmeckt es besser und frischer, ist gesünder und selbstverständlich ökologisch bedeutsamer, weil die Produkte weniger weit transportiert werden müssen.

Fakt ist, eine roh und saisonal komponierte Küche tut Körper, Umwelt und dem Gaumen gut!

Saisonal und roh komponieren

Das Kochbuch „ROHGENUSS – Die vier Jahreszeiten“ gliedert sich in die Kapitel Frühlingserwachen, Sommerfrische, Herbstfarben und Wintermärchen. Über 100 Rezepte laden zum Nach“kochen“ ein. Wie schon in den vorherigen Kochbüchern wird der Leichtigkeit der Zubereitung ein hoher Wert zugeschrieben. Alle Gerichte sind ohne Dörrapparat oder speziellem Hochleistungsstandmixer umsetzbar.

Die Zutaten sind leicht erhältlich und müssen nicht kompliziert beschafft werden. Die jeweilige Jahreszeit hat saisonale Obst- oder Gemüsesorten zur Hauptzutat (Frühlingserwachen z.B. Erdbeeren, Spargel oder Spinat). Ziel des Buches ist es, die teils von Exoten sehr geprägte Rohkostküche saisonal zu inspirieren, was natürlich nicht heisst, dass komplett auf Orangen, Mangos oder Ananas verzichtet werden soll.

Um dem Thema „Saison“ ein perfektes Gewand zu geben, wurden die Gerichte bei natürlichem Licht in der freien Natur fotografiert, und das natürlich nur in der richtigen Jahreszeit.

Wie auch in den letzten Werken, wurde ein hohes Augenmerk auf Nachhaltigkeit und unverfälschte Handarbeit gelegt. Untergründe sind aus altem Holz und die Gerichte wurden ausschließlich mit biolgischen Zutaten zubereitet. Geschirr wurde, wenn nicht schon vorhanden, auf Flohmärkten zusammengetragen.

Viel Liebe zum Detail, Einblicke hinter die Kulissen, sorgfältig erprobte Rezepte, viele Tipps und Tricks, sowie Warenkunde und spezielle Hinweise für „Das schmeckt auch Kindern“ runden unser Werk ab.

In diesem Sinne wünschen wir viel Freude beim Nach“kochen“. Roh rockt!

FRÜHLINGSERWACHEN

Orientalischer Gemüsereis mit Mandeln

Für einen Ausflug in den Orient für Zwei

500 g Karfiol
1 Zwiebel
6 getrocknete Aprikosen
50 g Mandeln
1/2 Bund Koriander
1 MSP Zimt
2 EL Öl
1 EL Gemüsebrühe
50 g frischer Babyspinat
2 gepresste Knoblauchzehen
1 kleine Chili (optional)
2 MSP Kurkuma

Karfiol im Standmixer oder mit einem Messer fein verarbeiten (es soll kein Mus werden!). Gemüsebrühe in etwas warmem Wasser auflösen und zum Karfiol geben. Aprikosen, Zwiebel, Mandeln, Spinat und Koriander hacken und dem gewürzten Karfiol untermischen. Mit Kurkuma, Öl, Salz und Zimt abschmecken. Wer´s gerne etwas schärfer hat, fügt kleingeschnittene Chili dazu.

Tipp: Wem Karfiol nicht ganz so zusagt, kann Karotten, Pastinaken oder Sellerie anstelle diesem verwenden!

GARANTIERT KINDERTAUGLICH

Erdbeer-Stracciatellacreme

Für eine Dessertschüssel für Zwei

100 g Cashewkerne
50 ml Zitronen oder Limettensaft
50 ml Agavendicksaft
70 ml Wasser
2 MSP Vanillepulver
40 g Schokoglasur (Rezept siehe unten)
400 g Erdbeeren
Zitronenmelisse zum Dekorieren
etwas Pistazienkerne für oben drauf

Cashewkerne, Zitronensaft, Wasser, Vanillepulver und Agavendicksaft zu einer feinen Creme pürieren. Die gehärtete Schokoglasur (oder man nimmt gekaufte rohe Schokolade) in grobe Stücke schneiden und unter die Zitronencreme mischen.

In einem Dessertglas abwechselnd Creme und in Scheiben geschnittene Erdbeeren schichten. Das Dessert mit Zitronenmelisse und gehackten Pistazienkernen dekorieren und eiskalt servieren.

Tipp: Anstelle der Erdbeeren kann man Heidelbeeren, Brombeeren oder Früchte nach Belieben verwenden.

20 g Kakaobutter
1 TL Kokosnussöl
1 TL Agavendicksaft
5 TL Kakaopulver

Kakaobutter und Kokosöl bei geringer Temperatur schmelzen. Kakaopulver und Agavendicksaft einrühren. Die Schokoladenglasurmasse auf einen Teller mit Backpapier belegt aufstreichen und im Kühlschrank härten lassen.

GARANTIERT KINDERTAUGLICH

Grüne Smoothielutscher

Für je 3 Mal gesunde Erfrischung

Für Banane-Orange
200 g Spinat
2 Bananen
1 große Orange

Für Mango-Ananas
200 g Spinat oder Feldsalat
1 Mango
300 g Ananas

Jeweils alle Zutaten in einem Standmixer pürieren, in Eislutscherformen füllen und ab in das Gefrierfach.

Tipp: Für Kinder kann man das „böse" Grün auch weglassen und anstelle von Spinat Früchte verwenden.

GARANTIERT KINDERTAUGLICH

Glasierte Schokofrüchte

Für zwei Schokoliebhaber

20 g Kakaobutter
1 TL Kokosnussöl
1 TL Agavendicksaft
5 TL Kakaopulver
Früchte nach Farben und Belieben (z.B. Bananen, Erdbeeren…)

Kakaobutter und Kokosöl bei geringer Temperatur schmelzen. Kakaopulver und Agavendicksaft einrühren. Die Früchte in die Schokoglasurmasse tauchen und auf Backpapier im Kühlschrank härten lassen.

Tipp: Besonders hübsch machen sich Obstspieße in Schokoglasur getaucht und mit essbaren Blüten, Kokosflocken o.ä. bestreut.

Knusprige Spinatlaibchen zu Kohlrabigemüse

Für 6 Laibchen für Zwei

200 g gemischte Nüsse
300 g frischer Babyspinat
3 gepresste Knoblauchzehen
4 EL Kokosöl
1/2 Bund Petersilie
Kräutersalz

Die Nüsse sehr fein hacken. Babyspinat grob schneiden und den Nüssen beimengen. Der Nuss-Spinatmasse gehackte Petersilie zugeben und mit den restlichen Zutaten abschmecken.
Mit angefeuchteten Händen Laibchen formen und im Kühlschrank eine Stunde härten lassen.

Kohlrabigemüse

2 Kohlrabi
5 EL gehackter Oregano
2 EL Olivenöl
1 gepresste Knoblauchzehe
Pfeffer aus der Mühle
Salz

Geschälten Kohlrabi in feine Würfel verarbeiten und mit den restlichen Zutaten abschmecken. Kann sofort genossen werden, schmeckt jedoch nach 30 Minuten Ziehenlassen noch ein bisschen besser.

Rohgenusskunde: Was die wenigsten wissen, ist, dass auch in den Blättern des Kohlrabis viele Vitamine und Mineralstoffe enthalten sind. Frisch gehackt wie Kräuter über den Salat, in Suppen oder zu Gemüse, kann man das zarte Knöllchen zur Gänze verbrauchen.

GARANTIERT KINDERTAUGLICH

Red Berry Cocktail

Für 2 Mal vom Sommer träumen

2 Orangen
100 g Erdbeeren
50 g Beeren nach Wahl (z.B. Himbeeren)
Saft einer Limette
1 MSP Vanillepulver
Eiswürfel

Alle Zutaten, ausser den Eiswürfeln, zu einem cremigen Cocktail pürieren und kurz kaltstellen. Mit Früchten garnieren und vom Sommer träumend genießen.

Tipp: Rote Früchte sind reich an Zellschutzstoffen, sogenannten Antioxidantien. Sie stärken unser Immunsystem, sorgen für das Wohlbefinden und gesundes Aussehen.

Frühlingshafter Spargelsalat

Für eine große Salatschüssel für Zwei

200 g grüner dünner Spargel
150 g weiße oder braune Champignons
1 Schalotte
1/2 Lollo Bianco (optional: Kopfsalat)
1 EL gehackter Kerbel
1 EL gehackter Oregano
10 Blätter Basilikum
Saft einer Orange
1/2 TL rosa Pfefferkörner
1 gepresste Knoblauchzehe
1 Schuss fruchtiger Essig
Olivenöl
Kräutersalz

Spargel in Stücke schneiden und mit Olivenöl und etwas Kräutersalz für gut 20 Minuten marinieren. Champignons in feine Scheiben verarbeiten und die Schalotte fein würfeln. Den Salat waschen und in mundgerechte Stücke reißen. Kerbel und Oregano grob hacken. Marinierten Spargel mit den Salatblättern, Champignons, Kräutern, Knoblauch, Orangensaft, Öl, Essig und Pfefferkörnern vermischen und mit Kräutersalz abschmecken.

Rohgenusskunde: Roher Spargel schmeckt ein wenig wie Erbsenschoten. Kräftig im Geschmack mit einer süßen Unternote.

Spinatricotta

Für ein Marmeladeglas

100 g Cashewkerne
50 g kleingehackte Nüsse
200 g Spinat
1/2 Bund Petersilie
2 gepresste Knoblauchzehen
Saft einer halben Zitrone
3 EL Olivenöl
Kräutersalz
Pfeffer aus der Mühle

Cashewkerne mit einem großzügigen Schuss Wasser grob pürieren. Kleingehackte Nüsse, gehackte Petersilie und fein geschnittenen Spinat unterrühren. Die restlichen Zutaten zugeben und eventuell mit mehr Salz abschmecken.

Tipp: Mit kleingewürfelten Tomaten, etwas Limettensaft und bisschen Chili kann man das Gericht sommerlich aufwerten. Passt prima zu Brot und auf Salat.

Erdbeerbowle

Für eine Bowle zu zweit

100 g Erdbeeren
200 ml frischgepresster Apfelsaft
1 EL Agavendicksaft
Saft einer Orange
300 ml eiskaltes Wasser
10 Blätter Zitronenmelisse
essbare Blüten
(z.B. Blütenmischung von Sonnentor)
Eiswürfel

Erdbeeren in Scheiben schneiden. Die restlichen Zutaten vermischen und die Beeren zugeben. Die Bowle gut zwei Stunden im Kühlschrank ziehen lassen.

Tipp: Schmeckt auch mit Wassermelone wunderbar.

GARANTIERT KINDERTAUGLICH

Süßer Blumentopf (Schokomousse mit Schokostreusel)

Für zwei verspielte Naschkatzen

4 Avocados
4 EL Wasser
5 EL Kakaopulver
5 EL Agavendicksaft
1 MSP Vanillepulver

Für den Schokostreusel

50 g Nüsse
4 Datteln
1 TL Kakaopulver
1 Schuss Wasser
Essbare Wiesenblumen

Für das Schokomousse alle Zutaten pürieren und eventuell mit etwas Agaven nachsüßen.

Die Schokostreusel wie folgt zubereiten: Datteln mit Wasser zu einer Paste mixen. Nüsse fein hacken und mit dem Kakaopulver der Dattelmasse zugeben.

Mousse in ein Glas schichten und Schokostreusel toppen. Die Wiesenblumen vorsichtig einstecken.

Tipp: Anstelle der Avocados können auch Bananen verwendet werden.

Petit Four

Für kleine Leckereien zwischendurch

Basisboden
200 g Macadamianüsse
6 Datteln
1 kleine Orange
1 MSP Zimt und 1 MSP Vanille
etwas Zitronenschale

Für die Schoko-Kokosvariante
1 vollreife Banane
1 EL Kakaopulver
2 EL Kokosflocken
Kakaonibs und Kokosstreifen zum Garnieren

Für die Limetten-Avocadovariante
1 Avocado
Saft einer Limette
1 TL Agavendicksaft
Himbeeren und Limettenscheiben zum Garnieren

Für die Erdbeer-Vanillevariante
50 g Erdbeeren
50 g Cashewkerne
1 TL Zitronensaft
1 MSP Vanillepulver
Erdbeeren und Blüten zum Dekorieren

Für den Boden die Orange abschälen und mit den entkernten Datteln, Zimt und Vanille pürieren. Macadamianüsse mahlen oder sehr klein hacken und mit der Zitronenschale unter die Dattel-Orangenmasse mischen. Sollte der Teig zu wenig kompakt sein, weitere Nüsse zugeben. Die Masse in einem Viereck auf ein Backpapier ca. 1 cm hoch ausbreiten und in kleine Würfel schneiden. Etwas gemahlene Nüsse als Untergrund erleichtern das Ablösen der Würfel.

Für die Schoko-Kokosvariante: Alle Zutaten mit dem Stabmixer zu einer Creme verarbeiten. Je einen guten Teelöffel Creme auf den Macadamiawürfel geben und dekorieren.

Für die Limetten-Avocadovariante: Auch hier alle Zutaten mit dem Stabmixer zu einer Creme verarbeiten und löffelchenweise auf die Würfel geben und im Anschluss hübsch dekorieren.

Für die Erdbeer-Vanillevariante: Alle Zutaten zu einer Creme verarbeiten und wieder löffelchenweise auf die Würfel geben und verhübschen.

Tipp: Die Würfel können gut vorbereitet werden und sollen vor dem Verzehr gut eine Stunde kalt gestellt werden.

Gurkenvinaigrette

Für ein Glas grüne Cremigkeit

1 kleine Salatgurke
3 EL Essig
1 TL Agavendicksaft
1 EL Öl
1 Knoblauchzehe
1/2 Bund Kräuter nach Wahl
Kräutersalz und Pfeffer

Alle Zutaten zu einem cremigen Salatsößchen pürieren.

Tipp: Passt ganz toll zu Römersalat oder Tomaten

Gemüsenudeln zu Spinatcreme und Cashewparmesan

Für zwei Pastaliebhaber

2 Kohlrabi (optional: 2 Zucchini, 3 große Karotten oder 1 große Salatgurke)
400 g frischer Spinat
1 MSP Muskat
1 getrocknete Chili (optional)
2 Knoblauchzehen
1 TL Zitronensaft
1 EL Olivenöl
1 MSP getrocknetes Zitronengras
1 EL Sesam
1 EL gehackter, frischer Majoran
Salz

Die geschälten Kohlrabiknollen spiralisieren (entweder mit einem Spiralisierer oder einfach mit einem Julienneschneider). Die restlichen Zutaten im Standmixer oder mit dem Pürierstab zu einer cremigen Sauce verarbeiten und mit Salz abschmecken.

Tipp: Für den extra Cremegenuss kann man eine Avocado mit in die Sauce einarbeiten.

Für den Cashewparmesan

50 g Cashewkerne
1 Knoblauchzehe
etwas Kräutersalz

Cashewkerne je nach Belieben fein mahlen oder gröber hacken. Gepressten Knoblauch und Salz zugeben und abschmecken.

Tipp: Klappt auch mit Mandeln.

Cremiger Erdbeer-Becherkuchen

Für ein Törtchen für Zwei oder mehr

3 Becher Cashewkerne
3/4 Becher Agavendicksaft
3/4 Becher Kokosöl
1/4 Becher Limettensaft (oder Zitronensaft)
1 TL Vanillepulver
2 Becher geschnittene Erdbeeren
Zur Dekoration: essbare Blüten, Gojibeeren, Erdbeeren, Früchte etc.

Alle Zutaten in einem Standmixer fein pürieren und in eine kleine Tortenform oder 2-3 Vorspeisenringe eingießen (die Masse ist eher flüssig). Im Kühlschrank über Nacht härten lassen und am nächsten Tag aus der Form lösen. Die Torte hübsch verzieren z.B. in essbaren Blüten wälzen, mit Erdbeeren belegen etc.

Rohgenusshinweis: Mit einem Becher ist eine klassische 250 ml Tasse gemeint.

Zucchinilasagne mit Minzbéchamel

Cremiger Rohgenuss für Zwei

2 Zucchini
200 g Cashewkerne
10 Blätter Minze
Saft einer halben Zitrone
3 Knoblauchzehen
Weißer Pfeffer aus der Mühle
Kräutersalz

Zucchinis der Länge nach in dünne Scheiben schneiden, salzen und 15 Minuten ziehen lassen. Cashewkerne mit den Minzblättern, Zitronensaft und Knoblauch im Standmixer pürieren. Béchamel mit Pfeffer und Kräutersalz abschmecken. Für die passende Konsistenz eventuell etwas Wasser zufügen.

Für das Schichten der Lasagne mit den Zucchinischeiben beginnen und abwechselnd mit der Minzbéchamel hoch“bauen“. Mit einer Zucchinischicht enden, mit Minze und Zitronenscheiben dekorieren.

Tipp: Die Sauce ist auch mit Macadamianüssen oder Sonnenblumenkernen ein Genuss. Anstelle der Zucchini kann auch Gurke oder Kohlrabi verwendet werden.

Chiapudding mit Beerenmus und Mandelmilch

Ein Glas Genuss für Zwei

2 EL Chiasamen
200 ml Mandelmilch
150 g Beeren
Zum Dekorieren: Kakaonibs, Pistazien, Kokos o.ä.

Chiasamen in die Mandelmilch einrühren und gut fünfzehn Minuten quellen lassen.
Die Beeren pürieren oder ganz lassen - je nach Belieben.
Gequollene Chiasamen und Beerenmus abwechselnd schichten. Mit Kakaonibs etc. toppen.

Mandelmilch

Für 0,5 l

0,5 l Wasser
1 Handvoll Mandeln
5-10 Datteln

Mandeln mahlen und mit dem Wasser und den Datteln zu einer cremigen Flüssigkeit pürieren.

Rohgenusskunde: Chiasamen sind reich an Omega 3 + 6 Fettsäuren und eine ideale pflanzliche Eiweißquelle.

Kapernpesto

Für ein Gläschen voll

4 EL Kapern
3 gepresste Knoblauchzehen
1 Topf Basilikum
200 ml Olivenöl
2 EL Mandeln oder Pinienkerne
Salz und etwas weißen Pfeffer

Die Kapern mit dem Basilikum, den Mandeln, Olivenöl, Salz und Pfeffer grob pürieren. Knoblauch unter das Pesto mischen und erneut abschmecken.

Tipp: Wenn man in Salz eingelegte Kapern verwendet, auf Salz verzichten und eventuell mehr Öl verwenden.

Radieschen-Kressesalat zu Paprikavinaigrette

Für einen schnellen Salat zu Zweit

2 Bund Radieschen
1 Tasse Kresse
1 kleine rote Zwiebel
1 EL Thymian gehackt
Saft einer Orange

Olivenöl
Apfelessig
Kräutersalz
2 EL Pinienkerne (optional)
Weißer Pfeffer aus der Mühle

Die Radieschen in dünne Scheiben schneiden. Kresse mit einer Schere abschneiden und grob hacken. Zwiebel klein würfeln. Alle Zutaten vermengen und mit Öl, Essig, Salz und Pfeffer abschmecken.

Paprikavinaigrette

1 gelber Paprika
1 roter Paprika
1 kleine Zwiebel
1 gepresste Knoblauchzehe
1 EL gehackter Thymian
2 EL Pinienkerne
1 EL Essig
Saft einer halben Orange
etwas Olivenöl
Salz

Paprikaschoten in einem Standmixer mit dem Orangensaft und den Pinienkernen pürieren. Die Zwiebel fein hacken und der Paprikacreme zugeben. Die restlichen Zutaten unterrühren und abschmecken.

SOMMERFRISCHE

Dreierlei gefüllte Cocktailtomaten

Fingerfood für Zwei

20 Cocktailtomaten

Für die Rote Rüben-Krenfülle

100 g rote Rübe
½ TL Kren
Salz
1 TL Sonnenblumenkerne
1 TL Essig
1 EL Olivenöl

Alle Zutaten, außer den roten Rüben pürieren. Die Rüben in sehr kleine Würfel schneiden und mit dem Dressing vermengen.

Für die Radieschen-Korianderfülle

6 Radieschen
1 EL Olivenöl
Saft einer halben Zitrone
5 Blätter Koriander
Kräutersalz

Alle Zutaten im Standmixer kurz und grob pürieren.

Für die Minze-Avocadofülle

1 Avocado
10 Blätter Minze
1 gepresste Knoblauchzehe
Saft einer Limette
Salz und Pfeffer

Die Avocado schälen und entkernen. Alle Zutaten fein pürieren.

Die Tomaten kappen, mit den unterschiedlichen Füllen toppen und gleich genießen.

Sommerliche Paprikaschaumsuppe

Für Zwei im Sonnenuntergang

5 rote Paprika
1 Stange Stangensellerie
150 ml kaltes Wasser
1 Knoblauchzehe
2 EL gehackter Oregano
1 EL Suppenbrühe
1 TL Agavendicksaft oder 1 große Dattel
etwas Safran (optional)

Die Paprikas entkernen und mit allen Zutaten, ausser dem Oregano, in einem Standmixer fein schaumig pürieren. Die Suppe nochmals abschmecken und den gehackten Oregano unterrühren. Das Süppchen mit Kräutern dekorieren und sofort genießen.

Tipp: Für die besondere Cremigkeit einen Avocado mitpürieren.

GARANTIERT KINDERTAUGLICH

Gedippte Herzen

Für eine illustre Knabberrunde

Für die pikante Variante

allerlei Gemüse z.B. Kohlrabi, rote Rübe, Gurke, Zucchini, Paprika etc.

Für ein Marmeladeglas pikanten Dip

2 Karotten
1 cm Ingwer
1 Zehe Knoblauch
1 gelber Paprika
1 MSP Curry
Kräutersalz
2 EL Olivenöl

Für die süße Variante

allerlei Obst z.B. Wassermelone, Kiwi, Ananas, Apfel, Birne etc.

Für ein Marmeladeglas süßen Dip

100 g Kirschen
100 g Johannisbeeren
5 entkernte Datteln oder andere Trockenfrüchte
2 MSP Vanillepulver

Für die Dipvarianten die jeweiligen Zutaten fein pürieren und abfüllen. Für die Herzen das Gemüse bzw. Obst mit einem Keksausstecher ausstechen. Die Reste kann man gut zu einem Smoothie verarbeiten. Die Herzen in hübschen Schüsselchen anrichten und mit den Dips servieren.

Tipp: Die Ausstechformen können anlassbezogen variieren: Silvester-Kleeblattformen, Weihnachten-Sterne, Ostern-Hasen etc.

Kräuterschnitten an Paprikapesto

Für 2 Feinschmecker

150 g Haselnüsse
100 ml Kokosöl
1 TL Kräutersalz
Pfeffer aus der Mühle
1 MSP gemahlener Muskat
Saft einer halben kleinen Zitrone
1 MSP gemahlener Kümmel
4 gepresste Knoblauchzehen
8 EL gehackte Kräuter (z.B. Petersilie, Basilikum, Majoran, Oregano)

Haselnüsse mit dem Kokosöl grob pürieren. Die restlichen Zutaten gleichmässig in die Nussmasse mischen und nochmals abschmecken. Eine kleine rechteckige Form mit Frischhaltefolie auslegen und die Nussmasse einfüllen und glatt streichen. Kräuterschnitten im Kühlschrank gut 3 Stunden härten lassen und anschließend aus der Form lösen und in kleine Schnitten schneiden und mit grünem Salat und Paprikapesto servieren.

Gelbes Paprikapesto

Für ein Marmeladeglas

3 gelbe Paprika
3 Knoblauchzehen
80 g Pinienkerne oder Cashewkerne
3 EL Olivenöl
10 Blatt Basilikum
Salz und weißer Pfeffer

Paprika entkernen und mit allen Zutaten zu einem feinen Pesto pürieren.

GARANTIERT KINDERTAUGLICH

Fruchtiges Schichteis

Für eine kleine Kastenform

2 Bananen
100 g Ananas
1 TL Zitronensaft
1 MSP Vanillepulver

100 g Brombeeren
100 g Ribiseln
1 EL Kokosflocken

100 g Himbeeren
200 g Wassermelone
1 TL Limettensaft

Orangenscheiben und Granatapfelkerne zum Dekorieren

Die einzelnen Zutatenblöcke getrennt voneinander pürieren. Die Kastenform mit Frischhaltefolie auslegen und die Obstpürees abwechselnd einfüllen. Das Eis für eine Nacht in den Tiefkühler stellen. Vor dem Servieren gut 10 Minuten antauen lassen und dann in Scheiben geschnitten anrichten.

Tipp: Für ein unkompliziertes Eisvergnügen die Obstvarianten in Eislutscherformen füllen.

Limetten-Basilikumlimonade

Für 1 Karaffe pure Erfrischung

1 L eiskaltes Wasser
Saft von 4 Limetten
4 EL Agavendicksaft
1 Limette in Scheiben geschnitten

10 Eiswürfel

Alle Zutaten in einer Karaffe vermengen und im Kühlschrank gute 2 Stunden ziehen lassen. Nach der Ziehzeit Eiswürfel zugeben und sofort servieren.

Tipp: Wenn man auf Agavendicksaft verzichten möchte, kann man 4 Datteln mit 4 EL Wasser fein pürieren und als Süßersatz verwenden.

BASILIKUM

Linzerschnitte mit Heidelbeermarmelade

Für eine kleine Form klassischen Genuss

1 Orange
250 g gemahlene Haselnüsse
7 große Datteln
1/2 TL Zimt
1 MSP Nelkenpulver (optional)
7 EL Heidelbeermarmelade

Die Orange mit den Datteln zu einer feinen Paste pürieren. Haselnüsse unter die süße Paste mischen und zu einem gleichmässigen Teig verkneten (bei Bedarf noch etwas Wasser, Agavendicksaft oder Nüsse zugeben). Eine Auflaufform mit Frischhaltefolie auslegen und gut 2/3 der Nussmasse hineindrücken. Die Marmelade aufstreichen und aus dem restlichen Teig längliche Röllchen formen und diese gitterförmig auf den Kuchen formen. Kuchen im Kühlschrank für gut 2 Stunden ziehen lassen.

Heidelbeermarmelade

Für ein Marmeladeglas

250 g frische Heidelbeeren (oder gut abgetropfte, aufgetaute TK-Heidelbeeren)
100 g Datteln oder 2 EL Agavendicksaft
1/2 TL Zitronenschale (optional)

Die Beeren mit den Datteln zu einer feinen Creme pürieren und die Zitronenschale einrühren.

Tipp: Wenn man glücklicher Besitzer eines Hochleistungsstandmixers ist, kann man 1 EL eingeweichte Chiasamen mitpürieren, um eine geleeartigere Konsistenz zu erreichen.

GARANTIERT KINDERTAUGLICH

Wassermelonenpizza

Für 2 fruchtige Pizzen

2 ca. 2 cm dicke Wassermelonenscheiben
100 g Himbeeren
1 Kiwi
2 Handvoll Ribisel
50 g Ananas
1 Handvoll Heidelbeeren
2 EL Kokosflocken
4 Erdbeeren

Die Himbeeren pürieren und die Wassermelonenscheiben damit bestreichen. Kiwi, Ananas und Erdbeeren in Stückchen schneiden und mit den Ribiseln und Heidelbeeren die Pizza belegen. Die fertig belegten Pizzen mit Kokosflocken bestreuen und in Stücke schneiden.

Tipp: Kinder lieben diese süße Variante der klassischen Pizza und selbst belegt, macht auch Obst essen großen Spaß!

Rettichstreifen mit dreierlei Vinaigrette

Für 3 Gläser Vinaigrette

1 halber Rettich

Für die Fenchelvinaigrette

100 g Fenchel
1 kleine Zwiebel
Saft einer kleinen Orange
2 EL Essig
5 EL Olivenöl
Salz und Pfeffer

Fenchel und Zwiebel in sehr kleine Stücke schneiden und mit den restlichen Zutaten vermengen.

Für die Melonenvinaigrette

300 g Wassermelone
1 kleine getrocknete Chilischote
1 cm Ingwer
1 TL Agavendicksaft
2 EL Olivenöl
1 EL Apfelessig
1 EL gehackter Koriander
Salz und Pfeffer

Melone mit dem geschälten Ingwer, Agavendicksaft, Öl, Essig, Salz und Pfeffer pürieren. Chilischote im Mörser mahlen und dem Dressing zugeben. Koriander unterrühren und nochmals abschmecken.

Für das Granatapfeldressing

1 Granatapfel
10 cm Porree
2 EL Essig
1 EL Limettensaft
4 EL Öl
Kräutersalz

Die Hälfte des Granatapfels mit einer Zitronenpresse auspressen. Die andere Hälfte auslösen. Alle Zutaten zusammenmischen und nochmals abschmecken.

Den Rettich mithilfe eines Spiralisierers oder eines Julienneschneiders in Streifen verarbeiten und mit den Vinaigretten genießen.

Tipp: Die Dressingvariationen passen insbesondere zu grünem Blattgemüse (z.B. Chicorée, Endivien etc.)

GARANTIERT KINDERTAUGLICH

Marillenschüsserl bunt gefüllt

Für 2 Fruchttiger

4 große Marillen
50 g Wassermelone
50 g Ananas
50 g Granatapfelkerne
Saft einer halben Limette
1 MSP Vanille
1 TL Agavendicksaft (optional)

Die Marille halbieren und entkernen. Das restliche Obst in kleine Stücke schneiden, mit dem Limettensaft, Vanillepulver und Agavendicksaft vermengen. Den Obstsalat in die Marillenschüsserl füllen und sofort genießen.

Tipp: Der ideale Sommersnack für Kinder ... und natürlich auch für Große!

Knackiger Feigen-Nussaufstrich

Für 1 Glas süßer Freude

6 frische oder getrocknete Feigen
100 g Haselnüsse
1 Orange
1 TL Orangenschale
1 MSP Vanillepulver
1 cm Ingwer (optional)

Orange abschälen und mit den Feigen zu einer Paste pürieren. Haselnüsse zugeben und nochmals gut mixen - es dürfen Stücke enthalten bleiben, so hat man etwas Crunch mit dabei. Ingwer fein reiben und mit den Orangenschalen und Vanillepulver in die Feigen-Nussmasse einrühren und abschmecken.

Rohgenusskunde: Besonders bemerkenswert ist zum Beispiel der Anteil von Magnesium in getrockneten Feigen. Auf bis zu 75 mg dieses muskel- und nervenstärkenden Mineralstoffs bringt es die süße Leckerei. Getrocknete Feigen sind darum nicht zuletzt eine wichtige Magnesiumquelle für Vegetarier und Veganer!

Dillsauce

Für einen großen Salat und viele Gemüsesticks

80 g Zedernüsse
1 TL Zitronensaft
2 EL Olivenöl
Kräutersalz und Pfeffer
1 EL gehackte Dille

Alle Zutaten, ausser der Dille, fein pürieren und eventuell mit mehr Salz würzen. Gehackte Dille unter die Sauce mischen und kalt stellen. Hält gekühlt für gut zwei bis drei Tage frisch.

Tipp: Falls man dem eher süßlichen Geschmack der Pinienkerne nicht ganz so zugetan ist, kann man anstelle dieser Cashewkerne oder Mandeln nehmen.

Erfrischender Wassermelonensalat

Für 2 extravagante Salatesser

600 g Wassermelone
2 Avocados
4 Salatherzen
3 EL Zitronensaft
1 EL Limettensaft
4 EL Olivenöl
1 getrocknete Chilischote (optional)
Kräutersalz
Weißer Pfeffer aus der Mühle
6 Blätter Koriander fein gehackt

Die Wassermelone entkernen und in mundgerechte Stücke schneiden. Die Avocados schälen und entkernen und ebenso in Stücke schneiden. Salatherzen reißen und kurz waschen. Zitronensaft, Limettensaft, Öl, Salz, im Mörser zerriebene Chilischote, Koriander und etwas frisch gemahlenen Pfeffer zu einer Dressingsauce verrühren und nochmals abschmecken. Salatsauce mit der Melone, Salatherzen und Avocado vermengen und den Salat sofort servieren.

Tipp: Koriander ist nicht jedermanns Sache und kann ohne weiteres mit Petersilie oder Basilikum ersetzt werden.

Erfrischendes Gurkensorbet

Für 2 dekadente Genießer

400 g Salatgurke
50 ml frischer Apfelsaft
50 ml Wasser
1,5 TL Kräutersalz
10 Blätter Minze
1 MSP Cayennepfeffer
1/2 TL geriebener Ingwer (optional)
etwas Pfeffer

Die Gurke schälen, längs halbieren, von den Kernen befreien und würfeln. Alle Zutaten mit der Gurke fein pürieren und nochmals mit Salz und Pfeffer abschmecken. Die Gurkenmasse in eine flachere Schale füllen (z.B. Tupperware) und in den Tiefkühler stellen. 4-5 Stunden gefrieren, dabei häufig umrühren, damit ein möglichst feines Sorbet entsteht.

Tipp: Wer eine Eismaschine sein Eigen nennen darf, kann auch diese benutzen.

GARANTIERT KINDERTAUGLICH

Heidelbeermoussetarte

Für eine große Tarteform

3 Becher Cashewkerne oder Mandeln
200 g Heidelbeeren
Saft einer halben Zitrone
3/4 Becher Kokosöl
1/2 Becher Agavendicksaft
1 TL Vanillepulver

Beeren nach Wahl zum Verhübschen

Alle Zutaten in einem Standmixer zu einer feinen Creme pürieren. Wenn man möchte, kann man nur 2/3 der Heidelbeeren verwenden und rührt die restlichen in die fertige Creme als Ganzes ein (schaut hübsch bei der angeschnittenen Tarte aus).

Die Tarteform mit Frischhaltefolie auslegen und die Heidelbeercreme einfüllen. Heidelbeertarte für eine Nacht im Kühlschrank härten lassen und 20 Minuten vor dem Servieren aus dem Kühlschrank nehmen und mit Beeren nach Wahl dekorieren.

Tipp: Statt der Heidelbeeren passen auch Erdbeeren, Brombeeren oder Himbeeren ganz ausgezeichnet.

Grieß-Becherkuchen mit Kirschen

Für ein kleine Auflaufform

2,5 Becher Cashewkerne
1/2 Becher Orangensaft
1/2 Becher Kokosöl
1/2 Becher Agavendicksaft
1/2 TL Vanillepulver
1 MSP Zimt

250 g Kirschen (TK-Kirschen sind ebenso tauglich)

Alles Zutaten, außer den Kirschen, zu einer feinen Creme pürieren. Die Auflaufform mit Frischhaltefolie auslegen und die Creme einfüllen. Den Kuchen mit Kirschen belegen und im Kühlschrank für gut 4 Stunden kaltstellen, sodass er härten kann. Nach dem Härten in Stücke schneiden und sofort genießen.

Tipp: Es müssen nicht immer Kirschen sein ... schmeckt auch mit Ribisel oder Heidelbeeren.

HERBSTFARBEN

Erfrischende Zucchiniröllchen mit Feldsalat

Für 2 am Tisch

1 Zucchini
100 g Feldsalat
10 Walnusskerne
2 gepresste Knoblauchzehen
1/2 Gurke
Salz

Die Zucchini mit dem Sparschäler der Länge nach in dünne Streifen schneiden. Die Walnüsse fein hacken und die Gurke grob reiben. Walnüsse und Gurkenraspeln mit Knoblauch und Salz vermischen. Zucchinischeiben mit Gurkenmasse und Feldsalat füllen und einrollen.

Tipp: Oben drauf passt ein fruchtiges Granatapfeldressing oder der Macadamia-Currydip!

Bunt gefüllte Spitzpaprika

Für 4 Paprikaschoten

4 rote Spitzpaprika (oder eine Farbe je nach Belieben)
100 g Babyspinat
2 Avocados
2 Knoblauchzehen
10 Blätter Minze
1 Tomate
2 EL Pinienkerne
1 gelber Paprika
Salz

Für die Fülle den Spinat und die Minzblätter klein hacken. Die Avocados entkernen, schälen und mit einer Gabel fein zerdrücken. Knoblauch schälen und pressen. Die Tomate und den Paprika fein würfeln. Alle bearbeiteten Zutaten mit den Pinienkernen zu einer Fülle zusammenmischen und salzen. Die grüne Fülle in die Spitzpaprika füllen und die Kappe wieder darauf setzen.

Rohgenusskunde: Minze wächst wild oder in Gärten. Das Ursprungsland ist Ostasien, von da aus wurde sie zuerst in Europa und inzwischen in der ganzen Welt angepflanzt.

Cremig gefüllte Birnen mit Feigen

Für 2 Birnen zum Herbstsalat

1 große Birne
100 g Cashewkerne
2 Knoblauchzehen
2 EL gehackte Kräuter nach Wahl
1 Stk. getrocknete Tomate
1 TL Zitronensaft
1 MSP Chilipulver
Salz
Pfeffer aus der Mühle
1 Handvoll blaue Weintrauben
2 Feigen

Die Cashewkerne mit dem Zitronensaft, etwas Wasser (ca. 2 EL) und den geschälten Knoblauchzehen fein pürieren. Die getrockneten Tomaten in sehr kleine Würfel schneiden und mit den Kräutern zu der Nusscreme rühren. Mit Chilipulver, Pfeffer und eventuell mehr Salz die Creme abschmecken. Die Birne halbieren und mit einem Löffel entkernen. Die Creme in die ausgehöhlten Birnenhälften füllen und mit Feigenspalten dekorieren. Weintrauben dazu reichen und sofort genießen.

Tipp: Dazu passt ein herrlich frischer Salat aus Rotkraut, Walnüssen und Äpfel.

GARANTIERT KINDERTAUGLICH

Panna cotta mit Brombeeren

Für zwei Gläser Hochgenuss

Für die Creme
200 g Cashewkerne
200 ml Kokosöl
130 ml Agavendicksaft
1 TL Vanillepulver
100 ml Wasser

Für die Sauce
200 g Brombeeren
1 MSP Zimt
1 EL Agave (optional für die ganz Süßen)
Saft einer halben Zitrone

Für die Panna cotta alle Zutaten der Creme gut und fein mixen. Die fertige Creme in Gläser füllen und gut 6 Stunden im Kühlschrank härten lassen. Die Brombeeren mit Zimt, Agavendicksaft und Zitronensaft zu einem Mus pürieren und zur Panna cotta gießen.

Tipp: Brombeeren sollten möglichst rasch verbraucht werden. Im Kühlschrank halten sie sich maximal zwei bis drei Tage. Werden sie um die null Grad gelagert, z.B. auf der Glasplatte im Kühlschrank, bleiben sie bis zu vier Tage lang frisch.

Bandnudeln an würziger Oliven-Tomatensauce und Sesam

Für 2 Pastaliebhaber

1 Zucchini
4 Karotten
100 g schwarze Oliven
4 frische Tomaten
6 Stk. getrocknete Tomaten
2 EL Olivenöl
2 Knoblauchzehen
2 EL ungeschälter Sesam
10 Blätter Basilikum

Die Karotten und die Zucchini der Länge nach mit einem Sparschäler zu hauchdünnen Scheiben schneiden. Diese wiederum mit einem Messer der Länge nach in 1cm breite Streifen verarbeiten. Für die Sauce eine frische Tomate mit den getrockneten Tomaten und Olivenöl pürieren. Die restlichen frischen Tomaten in kleine Würfel schneiden. Die Oliven sehr klein hacken. Tomatensauce, mit den frischen Tomaten, Oliven, gepresstem Knoblauch, Salz und Sesam vermengen und abschmecken. Das Nudelgericht mit Basilikum garnieren und frisch servieren.

Rohgenusskunde: Durch die schonende Verarbeitung der Rohkostoliven bleiben alle wertvollen Nährstoffe erhalten. Die Oliven werden nicht pasteurisiert. Der Geschmack ist original, besonders lecker und selten zu finden. 100 % Natur pur eben.

Geminzte Spinatcremesuppe mit Curry

Für einen Suppentopf für Zwei

450 g Spinat (frisch oder TK-Ware)
5 g frische Minze
300 ml Wasser
1 Suppenwürfel
2 glatte TL süßes Currypulver
1 TL geriebener frischer Ingwer
Salz und weißer Pfeffer

Die Minzblätter vom Stiel zupfen. Die restlichen Zutaten in einem Standmixer zu einer cremigen Suppe pürieren. Die Minze kurz vor Ende kurz mitmixen. Die Suppe mit Salz und Pfeffer abschmecken.

Tipp: Die Zusammensetzung von Currypulver besteht je nach Zubereitung aus etwa 13 verschiedenen Komponenten. Manche Gewürze finden sich jedoch in den meisten Currymischungen wieder, vor allem Kurkuma, der dem Currypulver seine charakteristische Farbe gibt.

Gewürzte Olivenölwürfel

Für einen Eiswürfelbehälter

Blätter von Estragon, Kerbel, Salbei, Petersilie
rosa Pfefferkörner
Olivenöl

Die Kräuter grob hacken und mit den Pfefferkörnern im Eiswürfelbehälter verteilen. Mit Olivenöl die Eiswürfelformen anfüllen und im Tiefkühler gefrieren lassen.

Tipp: So erhält man portionsgerechte Kräuterwürfel, die kurz aufgetaut ein aromatisiertes Olivenöl für verschiedene Speisen ergeben.

Brokkolitörtchen

Für doppelten Tortengenuss

Für die Creme

250 g Brokkoli
130 g Cashewkerne
3 Knoblauchzehen
1 Schuss Wasser
1 Schuss Olivenöl
Kräutersalz
Sonnenblumenkerne zum Bestreuen

Für den Boden

150 g Mandeln
1 EL Kokosöl
1 TL Paprikapulver
2 EL gehackte frische Kräuter
1 TL getrocknetes Basilikum
Salz

Die Mandeln für den Boden sehr fein hacken und mit Kokosöl, Paprikapulver, frischen und getrockneten Kräutern, sowie Salz gut vermischen.

Für den Belag den Brokkoli in kleine Röschen teilen. Den Brokkolistrunk schälen und in kleine Würfel schneiden. Knoblauchzehen schälen. Brokkoli, Knoblauch, Wasser und Öl zu einer feinen Gemüsemasse pürieren und großzügig mit Kräutersalz abschmecken. Für eine cremigere Konsistenz eventuell noch etwas Olivenöl zufügen.

Nun zuerst die Mandel-Kräutermasse zur Hälfte in einen Vorspeisenring hineinpressen. Darauf ein paar EL der Brokkolicreme. Mit Sonnenblumenkernen abschließen und mit Kräutern dekorieren.

Tipp: Man muss sich nicht gezwungenermaßen einen Vorspeisenring zulegen. Einfach den Boden eines Joghurtbechers abschneiden und fertig ist der Ring.

Rote Rüben Kokoscremesuppe

Für 2 exotische Suppen

300 g rote Rüben
300 ml Kokoswasser
500 ml Wasser
1 Suppenwürfel
1/2 TL Garam Masala (oder Curry)

Die rote Rübe schälen und in grobe Würfel schneiden. Rote Rübe mit allen restlichen Zutaten zu einer fein cremigen Suppe pürieren und nochmals abschmecken.

Tipp: Die Blattstiele und Blätter der roten Rübe können wie Spinat verwendet werden.

Eingelegte Zimtzwetschgen

Für ein Glas Zimtgenuss

12 Zwetschgen
2 glatte TL Zimt
Saft einer halben Zitrone
2 TL Agavendicksaft
2 MSP Vanillepulver

Die Zwetschgen entkernen, vierteln und mit den restlichen Zutaten vermengen. Die Zimtzwetschgen gut 2 Stunden ziehen lassen.

Tipp: Zwetschgen lassen sich wie ähnliches Obst besser öffnen, wenn man sie erst mit mittlerem Druck quer zum Stein zwischen den Fingern rollt, da sich so der Stein vom Fruchtfleisch löst.

ZIMT
ZWETSCHKEN

Bunter Herbstsalat

Für eine große Salatschüssel

500 g Rotkohl
1 Birne
1 Granatapfel
10 Walnüsse
2 EL schwarzer Kümmel
3 EL Nussöl
4 EL Apfelessig
Salz
Pfeffer (optional)

Rotkohl fein nudelig schneiden. Birne vierteln, entkernen und in Scheiben schneiden. Walnüsse grob hacken. Alles zusammenmischen und mit Salz, Pfeffer, Öl und Essig abmachen. Granatapfel entkernen und über den Salat dekorativ verteilen.

Tipp: Anstelle der Birne, kann auch ein Apfel oder eine Orange verwendet werden.

GARANTIERT KINDERTAUGLICH

Brombeer-Birnenfruchtaufstrich

Für ein Glas Fruchtgenuss

200 g Brombeeren
1 große Birne
1/2 TL Zimt
1/2 TL gemahlener Leinsamen

Birnen vierteln und entkernen. Alle Zutaten fein pürieren und in ein Glas abfüllen.

Rohgenusskunde: Zimt pusht den Stoffwechsel und bringt einen ordentlichen Energieschub, wenn man gerade ein kleines Leistungstief hat.

Sellerie- Mango Salat

Für zwei süß-sauer Liebhaber

250 g Knollensellerie
2 kleine Mangos
1 Apfel
2 Knoblauchzehen
1 kleine rote Zwiebel
1 kleine Chilischote
1 Bund Petersilie
2 EL Kürbiskerne
3 cm Porree
Olivenöl und Apfelessig
Salz

Geschälten Sellerie und Apfel grob reiben. Zwiebel fein hacken und Knoblauch pressen. Mango schälen und in Würfel verarbeiten. Chilischote und Petersilie grob hacken. Den Porree in feine Scheiben schneiden. Zwiebel, Apfel, und Selleriestreifen mit Öl, Essig, Salz und Pfeffer abmachen und in einer Schüssel anrichten. Mangowürfel zugeben und mit Petersilie, sowie Chili dekorieren. Zum Abschluss Kürbiskerne darüberstreuen und sofort servieren.

Tipp: Knollensellerie hat einen sehr niedrigen Kaloriengehalt bei gleichzeitig hohem Gehalt an Vitaminen und Mineralstoffen. Der hohe Gehalt an ätherischen Ölen ist für den typischen Geruch und Geschmack verantwortlich.

Würzige Kohltascherl

Für 2 Kohlliebhaber

8 Blätter Kohl (eher die zarteren Innenblätter)
2 Avocados
100 g Sojasprossen
250 g Gurke
2 Knoblauchzehen
Saft einer Limette
1 TL frischer geriebener Ingwer
10 cm Porree
Salz
etwas schwarzer Sesam

Die Avocados entkernen und schälen. Die Knoblauchzehen schälen, pressen und zur Avocado geben. Mit einer Gabel die Avocados fein zerdrücken. Gurken grob reiben und mit den Sojasprossen, dem Ingwer und dem Limettensaft zur Avocadocreme geben. Porree in feine Scheiben schneiden und ebenso der Creme beigeben. Alles gut durchmischen und mit Salz abschmecken. Die Kohlblätter mit der Creme füllen und fest einrollen. Mit Sesam bestreuen und sogleich genießen.

Tipp: Anstelle von Kohl können auch „normale“ Salatblätter verwendet werden.

GARANTIERT KINDERTAUGLICH

Cake Pops

Für 9 Küchlein

Für den Basisteig

400 g gemahlene Nüsse
2 Orangen
8 Datteln (oder andere süße Trockenfrüchte)

Für die Kürbiskern-Zimtküchlein

80 g Kürbiskerne
1 TL Zimt

Für die Sesam-Kakaoküchlein

1 TL Kakaopulver
3 EL Sesam
1 EL Kakaonibs

Für die Kokos-Vanilleküchlein

100 g Kokos
1/2 TL Vanillepulver

Für den Basisteig die Orangen schälen und die Datteln entkernen. Orangen und Datteln zu einer süßen Paste pürieren. Die Nüsse unterheben und bei Bedarf, um eine festere Konsistenz zu erreichen, weitere gemahlene Nüsse zufügen. Den Teig in drei Teile teilen.

Den ersten Teil in eine Schüssel geben und mit dem Zimt vermischen. Die Kürbiskerne grob hacken und die Hälfte in den Teig einkneten. 3 Küchlein formen (rund oder eckig) und in den restlichen gehackten Kürbiskernen wälzen.

Den zweiten Teil ebenso in eine Schüssel geben und mit 80 g Kokosflocken und dem Vanillepulver verkneten. Wieder drei Küchlein formen und in Kokosflocken wälzen.

Den letzten Teil mit dem Kakaopulver und zwei EL Sesam verkneten und 3 Küchlein formen. Diese im restlichen Sesam mit den Kakaonibs wälzen.

Die Küchlein auf einer Platte hübsch anrichten und mit Holzstielen versehen.

Tipp: Wie man seine Küchlein aufwertet, ist jedem seine Sache! Man lasse der Kreativität freien Lauf!

Cremiges Kürbiseis

Für 2 dekadente Eisliebhaber

250 g Hokkaido Kürbis
200 ml Haselnussdrink
60 g Cashewkerne
3 EL Agavendicksaft
8 Stk. Physalis
1 TL Zimt
1 TL Vanillepulver
1 EL Kürbiskerne

Den Kürbis in kleine Stücke schneiden. Kürbisstücke, Mandelmilch, Cashewkerne, Agavendicksaft, Physalis, Zimt und Vanille in einem Standmixer pürieren. Die Kürbismasse nochmals abschmecken. Eventuell nachsüßen oder bei mehr Säurebedarf etwas Zitronensaft zufügen.

Die Eismasse in eine geeignete Form gießen und einige Stunden härten lassen. Die gehärtete Masse 10 Minuten antauen lassen und dann mit einem Messer in Stücke schneiden. Die Kürbiseiswürfel nochmals im Standmixer pürieren, um eine cremige Konsistenz zu erlangen.

Mit einem Eisportionierer Kugeln formen und sofort servieren. Mit Kürbiskernen dekorieren.

Haselnussdrink

Für 0,5 l Haselnussdrink

1 gute Handvoll gemahlene Haselnüsse
0,5 l Wasser
4 Datteln oder 1 EL Agavendicksaft

Alle Zutaten in einem kräftigem Standmixer zu einer milchigen Flüssigkeit mixen (ca. 4 Minuten).

Limetten-Avocadosuppe

Für 2 Suppenkenner

2 Avocados
Saft von 1,5 Limetten
300 g Salatgurke
1 Knoblauchzehe
250 ml Wasser
1 Suppenwürfel
1 getrocknete Chilischote
Weißer Pfeffer aus der Mühle

Die Avocados schälen und entkernen. Gurke in grobe Würfel verarbeiten. Avocados mit der Gurke, Knoblauch, Wasser, Suppenwürfel und etwas Pfeffer fein pürieren. Die Suppe mit der im Mörser zerkleinerten Chilischote bestreuen und eiskalt servieren.

Rohgenusskunde: Die Saison startet im August mit Früchten aus Mexiko, ab September/Oktober bis in den Mai liefern Israel und Spanien. Südafrika und Kenia füllen schon ab März das Sommerloch, doch die Herbstfrüchte sind die besseren!

Gemüsebruschetta

Für 2 Brettljausen

1 Zucchini
1 kleine rote Rübe

Für den Sonnenblumen-Tomatenaufstrich

1 Tomate
100 g Sonnenblumenkerne
1 EL Paprikapulver edelsüß
2 Knoblauchzehen
1/2 Bund Schnittlauch
Kräutersalz
Gemüse und Oliven zur Deko

Für das Pesto mit Avocado

2 Avocados
1 Bund Basilikum
2 Knoblauchzehen
100 ml Olivenöl
80 g Pinienkerne oder Zedernüsse
5 cm Porree
etwas Petersilie zum Dekorieren

Für den Tomatenaufstrich die Sonnenblumenkerne mit der frischen Tomate und dem Paprikapulver grob pürieren (soll kein Mus werden). Knoblauch pressen. Schnittlauch in kleine Röllchen schneiden. Tomaten-Sonnenblumenkernmasse mit Knoblauch, Kräutersalz und Schnittlauch abschmecken. Zucchini in der Länge nach in Scheiben schneiden und mit dem Tomaten-Sonnenblumenaufstrich bestreichen. Die Zucchinibruschetta mit kleingeschnittenem Gemüse und Oliven garnieren.

Für das Pesto die Basilikumblätter vom Stängel zupfen und mit den geschälten Knoblauchzehen, etwas Kräutersalz, Olivenöl und Pinienkernen fein pürieren. Die Avocados schälen, entkernen und in dünne Spalten verarbeiten. Den Porree in dünne Scheiben scheiden. Die rote Rübe schälen und in Schnitten verarbeiten. Pesto und Avocadoscheiben darauf verteilen und mit Porree und Petersilie dekorieren.

Saatenknödel

Für 8 Powerknödel

100 g Sonnenblumenkerne
50 g Kürbiskerne
5 Stk. getrocknete Tomaten
100 ml Wasser
1 Knoblauchzehe
1 TL getrockneter Rosmarin
1 Bund Petersilie
Kräutersalz
3 EL ungeschälter Sesam

Die Kürbiskerne und Sonnenblumenkerne sehr fein hacken. Rosmarin, gepressten Knoblauch, kleingehackte Petersilie, Kräutersalz und sehr fein geschnittene getrocknete Tomaten mit den Sonnenblumenkernen und der Kürbiskernmasse vermengen. Wasser dazugießen und die Masse gut verrühren, bis ein formbarer Teig entsteht. Aus dem Teig Kugeln formen und in Sesam wälzen.

Tipp: Die Powerknödel passen gut zu einem großen gemischten Salat. Ölsaaten sind mit großer Sorgfalt zu lagern, da durch den Sauerstoff der Luft die reichlich vorhandenen ungesättigten Fettsäuren leicht oxidiert werden können. Die Aufbewahrung von Ölsaaten sollte daher grundsätzlich kühl, dunkel und in fest verschließbaren Vorratsbehältern erfolgen.

Pistazienpesto

Für ein Glas

70 g Pistazien
15 Blätter Basilikum
1 Knoblauchzehe
40 ml Olivenöl
Kräutersalz

Den Knoblauch pressen und mit den restlichen Zutaten mit dem Stabmixer zu einem groben Pesto verarbeiten. Mit Salz abschmecken und zu Gemüsenudeln oder zum Salat servieren.

Rohgenusskunde: Die Erntezeit für Pistazien ist der Frühherbst. Pistazien sind wahre Vitamin- und Mineralstoffbomben. Sie sind besonders reich an Vitamin B1, Kupfer und Phosphor.

Orientalische Guacamole

Für ein Schüsserl cremigen Genuss

3 Avocados
10 cm Porree
70 g Zedernüsse
1 TL Garam Masala (oder Curry)
2 Knoblauchzehen
Saft einer Limette
Salz und weißer Pfeffer
100 g Sojasprossen

Die Avocados entkernen, schälen und mit einer Gabel fein zerdrücken. Porree in sehr feine Scheiben schneiden. Knoblauch pressen. Zerdrückte Avocados mit Porreescheiben, Knoblauch, Garam Masala, Limettensaft, Salz und Pfeffer vermengen und gut abschmecken.

Die Creme auf einem Bett von Sojasprossen anrichten und zu Rohkostbrot oder Gemüsesticks servieren.

Tipp: Freunde der scharfen Küche können noch eine klein geschnittene Chilischote miteinarbeiten.

Cremiges Gemüsecurry

Für eine Pfanne für Zwei

250 g Champignons
1 kleine Karotte
1 kleine rote Zwiebel
3 frische Tomaten
2 rote Paprika

Für die Sauce
3 Tomaten
40 g Cashewkerne
40 g frische Kokosnuss
1 cm frischer Ingwer
1 Schuss Öl
1 Dattel
6 getrocknete Tomaten
2 Knoblauchzehen
1/2 TL Curry
Salz

50 g Sojasprossen
2 EL Erdnüsse
etwas Feldsalat
Kokosstreifen

Alle Zutaten für die Sauce fein pürieren und würzig mit Salz und Curry abschmecken. Die Pilze, Karotten, Zwiebel, Tomaten und Paprika sehr fein würfeln. Das kleingeschnittene Gemüse mit der Sauce vermengen, 20 Minuten ziehen lassen. Das Curry auf einem Bett von Feldsalat anrichten und mit Sojasprossen, Erdnüssen und Kokosstreifen dekorieren.

Rohgenusskunde: Botanisch gesehen sind „Paprikaschoten“ keine Schoten, sondern Beeren. Es gibt Paprika in vielen verschiedenen Farben und Formen. Ursprünglich stammt die Paprika aus Süd- und Mittelamerika.

Rote Rübe mit Walnusskruste

Für 2, die gerne knabbern

1 rote Rübe
100 g gemahlene Walnüsse
2 EL Limettensaft (optional Orangensaft)
2 Knoblauchzehen
Kräutersalz

Die Knoblauchzehen pressen und mit den Walnüssen, dem Limettensaft und Kräutersalz vermischen. Die roten Rüben schälen und in kleine viereckige Stücke schneiden. Die Nussmasse auf den roten Rüben verteilen und fest andrücken.

Tipp: Für mehr Frische können frische Kräuter gehackt und zu der Nussmasse gemischt werden.

Macadamia-Currydip

Für ein Glas exotischer Genuss

80 g Macadamianüsse
2 TL süßes Currypulver
150 ml Wasser
1 Knoblauch
6 Safranfäden
2 TL Sesam
1 MSP Chilipulver
etwas Salz

Die Nüsse mit dem Wasser fein pürieren und mit den restlichen Zutaten abschmecken. Den Dip in ein Glas füllen und mit Sesam und etwas Safran dekorieren.

Tipp: Der Dip passt nicht nur vorzüglich zu Gemüsesticks, sondern eignet sich mit etwas Zitrone zu einem cremigen Salatdressing.

WINTERMÄRCHEN

Marinierte Pilze auf Staudensellerie

Für 2 Winterteller

3 Kräuterseitlinge (oder 10 braune Champignons)
1 Bund Petersilie
1 EL Sojasauce
1 Bund Staudensellerie
Kräutersalz
Olivenöl
Saft einer Zitrone
2 EL schwarzer Sesam
3 Knoblauchzehen
1 MSP Chilipulver
50 g Pinienkerne

Die Pilze in dünne Scheiben schneiden und in Sojasauce, Salz und kleingehackter Petersilie für 30 Minuten marinieren.Staudensellerie fein schneiden und mit Olivenöl, Zitronensaft, Sesam, gepresstem Knoblauch, Chilipulver, Salz und Pinienkerne vermengen. Das Staudenselleriegemüse anrichten und mit den marinierten Pilzen belegen.

Rohgenusskunde: Staudensellerie schmeckt mild nach Sellerie, hat aber durch seinen hohen Wassergehalt eine frische, saftige und knackige Konsistenz.

Lebkuchencreme an Zwetschgenmus zu Apfelkompott

Für 2 genussvolle Cremegenießer

200 g Cashewkerne oder Mandeln
2 EL Agavendicksaft
1 TL Lebkuchengewürz
1/2 TL Vanillepulver
1 große Orange
6 Zwetschgen
1 TL Zitronensaft
1 Glas Apfelkompott

Für die Lebkuchencreme Cashewkerne, Agavendicksaft, Lebkuchengewürz, Orange und Vanillepulver zu einer sehr feinen Creme pürieren und in 2 Gläser gießen.
Die Zwetschgen entkernen und mit Zitronensaft zu einem Mus verarbeiten. Zwetschgenmus auf die Lebkuchencreme gießen.

Apfelkompott

Für ein Glas

3 große fein säuerliche Äpfel
2 Datteln
etwas Zimt und Vanillepulver

2 Äpfel in sehr kleine Würfel schneiden. Den dritten Apfel mit den Datteln sehr fein pürieren und mit den kleingeschnittenen vermischen. Apfelkompott mit Zimt und Vanillepulver abschmecken. Kompott mit der Lebkuchencreme genießen.

Rohgenusskunde: Zu Hause in der Obstschale verlieren die Äpfel rasch alles, was sie nach zwei Monaten im Lager noch hatten: „Fruchtfleischfestigkeit" und Säuren, Vitamin C und sekundäre Pflanzenstoffe. Die Äpfel im Kühlschrank halten sich deutlich besser, sie verlieren nur etwas über zehn Prozent ihrer Festigkeit und Säuren, 50 Prozent des Vitamin Cs und kaum sekundäre Pflanzenstoffe.

Bandnudeln Kräuter aglio olio

Für 2 gefüllte Pastateller

1 Zucchini
1 Pastinake
1/2 Sellerie
1 große Karotte
150 ml Olivenöl
15 Blätter Basilikum
1/2 Bund Petersilie
Saft einer halben Zitrone
3 Knoblauchzehen
Kräutersalz

Für die Kräuter aglio olio das Olivenöl mit dem Basilikum, Petersilie, Zitronensaft, Knoblauch und Salz ganz kurz mixen (soll keine homogene Sauce werden). Sellerie und Pastinake schälen. Mit einem Sparschäler das gesamte Gemüse der Länge nach in breite Streifen schneiden und dann mit dem Messer der Länge nach halbieren, damit schöne Bandnudeln entstehen. Die Gemüsenudeln mit den Kräutern aglio olio vermengen und kurz ziehen lassen.

Tipp: Frisch gewürfelte Tomaten geben dem Gericht einen besonderen Kick.

Zimt-Eisstollen

Für eine sehr kleine Kastenform

2 Bananen
100 g Cashewkerne
1/2 TL Vanillepulver
1/2 TL Zimt
Saft einer halben Zitrone
30 g Pistazien
2 Mandarinen
30 g Rosinen oder Aroniabeeren

Für das Eis die geschälten Bananen, Cashewkerne, Vanille, Zimt und Zitronensaft fein pürieren. Kastenform mit Frischhaltefolie auslegen, mit der ersten Hälfte der Pistazien und Rosinen füllen und mit der Bananenmasse halbvoll machen. Die andere Hälfte der Pistazien und Rosinen reinstreuen und mit der restlichen Eismasse befüllen. Zum Abschluss die Mandarinen schälen, in Scheiben schneiden und auf die Eismasse schlichten.

Tipp: Zimt gilt als wärmendes Gewürz, das im Körper zu einer gewissen Hitzeentwicklung führt. Die Wärmeproduktion verbraucht natürlich verstärkt Energie und so auch Kalorien.

Würzige Wurzelsuppe

Für 2 erdige Suppenliebhaber

70 g Karotten
100 g Sellerie
20 g Kren
60 g rote Rübe
100 g Pastinake
30 g Topinambur
1/4 TL Kreuzkümmel gemahlen
1 TL Thymian
500 ml Wasser
1 Suppenwürfel
1 Knoblauchzehe
Salz und Pfeffer

Sellerie, rote Rübe, Pastinake, Topinambur und Kren schälen. Das gesamte Gemüse in grobe Stücke schneiden und mit dem Wasser, Knoblauch, Kreuzkümmel und Suppenwürfel zu einer cremigen Suppe pürieren. Gehackten Thymian unterrühren und mit Salz und Pfeffer abschmecken.

Rohgenusskunde: Die Pastinake, auch als Moorwurzel, Hammel- oder Hirschmöhre bekannt, ist reich an Vitaminen und Mineralstoffen, hier insbesondere an Vitamin C und Kalium.

Walnuss-Granatapfelcrumble

Für 2 ganz Süße

150 g gemahlene Walnüsse
60 g Datteln
2 Orangen
1/2 TL Zimt
1 großer Granatapfel
Blüten oder ähnliches zum Dekorieren

Die Datteln entkernen und mit den Orangen zu einer feinen Paste pürieren. Der Dattelpaste die gemahlenen Walnüsse und Zimt zufügen und verkneten. Granatapfel entkernen. In einer Dessertschale erst Granatapfelkerne, dann Crumbleteig, dann wieder Granatapfel um zum Abschluss Crumbleteig schichten. Mit essbaren Blüten bestreuen und sofort genießen.

Tipp: Statt Granatapfel können auch Äpfel, Birnen oder Zwetschken verwendet werden. Für die sommerliche Variante harmonieren Beeren oder Pfirsiche.

Radicchio-Fenchelgemüse

Für ein Pfanne zu Zweit

1 Radicchio
1 Fenchel
1 kleine rote Zwiebel
3 EL Gojibeeren
4 EL Nussöl oder Olivenöl
Saft einer Zitrone oder Limette
1 TL getrocknete Kräutermischung (z.B. italienische Kräuter)
1 EL Sojasauce
Kräutersalz
Schwarzer Pfeffer aus der Mühle

Radicchio und Fenchel sehr fein nudelig schneiden. Die Zwiebel klein hacken. Das Gemüse und die Zwiebel mit den restlichen Zutaten mischen und gut durchmischen. Bei Bedarf noch etwas Zitronensaft zufügen.

Tipp: Der bittere Geschmack des Radicchio lässt sich mit einem fein geriebenen Apfel etwas überdecken.

Wurzelsalat mit Porree

Für eine große Salatschüssel

2 Pastinaken
2 Karotten
1 kleiner Sellerie
1 Birne
1 kleiner Porree
2 Knoblauchzehen
3 EL Kürbiskerne
Olivenöl
Apfelessig
Salz

Sellerie schälen. Pastinaken, Sellerie, Karotten und Birne grob reiben. Porree in feine Ringe schneiden. Die Knoblauchzehen pressen. Das ganze verarbeitete Gemüse vermengen und mit Öl, Essig und Salz großzügig abschmecken.

Rohgenusskunde: Bereits die alten Ägypter, die Griechen und die Römer verzehrten das schmackhafte Gewächs. Der römische Kaiser Nero schätzte den Porree wegen seiner Senföle, die die Stimme pflegen sollen.

Rosenkohlsalat mit Pekanüsse

Für eine romantische Schüssel zu zweit

400 g Rosenkohl (auch Kohlsprossen genannt)
60 g Pekanüsse oder Walnüsse
1 kleine Zwiebel
Beerendressing oder Orangen-Currydressing

Rosenkohl säubern (eventuell die äußeren Blätter entfernen) und in dünne Scheiben schneiden. Die Pekanüsse und die Zwiebel hacken. Alles zusammenmischen und mit einem Dressing nach Wahl abschmecken.

Beerendressing

Für 2 Portionen

1 EL Agavendicksaft
150 g Beerenmischung (gerne auch TK-Ware)
2 EL Himbeeressig
3 EL Olivenöl
Salz und Pfeffer

Alle Zutaten mixen und nochmals abschmecken.

Orangen-Currydressing

Für 2 Portionen

100 ml Nussöl
1 Orange
1 sehr kleine Zwiebel
1/2 TL süßes Currypulver
2 EL Essig
Salz

Die Orange schälen. Zwiebel fein hacken. Orange, Nussöl, Currypulver, Essig und Salz gut sämig mixen. Zwiebel zugeben und umrühren.

Rohgenusskunde: Von September bis Januar ist die offizielle Saison für das Wintergemüse Rosenkohl. Ähnlich dem Grünkohl wird Rosenkohl erst mit dem ersten Frost besonders schmackhaft.

Spiraltarte mit Pesto Rosso

Für eine kleine Tarteform für Zwei

Für den Boden

1 50 g Nüsse
1 EL Kokosöl
2 EL Wasser
1 Knoblauchzehe
Salz

Für das Pesto Rosso

1 frische Tomate
2 getrocknete Tomaten
1 Knoblauchzehe
5 Blätter Basilikum

Für die Gemüsespirale

1 Zucchini
1 Pastinake
1 große Karotte

Für den Boden den Knoblauch pressen. Nüsse mit dem Wasser und Kokosöl grob pürieren und mit Knoblauch und Salz würzen. Den Nussteig in einer Tarteform verteilen, gut anpressen und für 20 Minuten kalt stellen. Für die Sauce alle Zutaten fein mixen und auf den Tarteboden streichen. Die Zucchini, Pastinake und Karotte mit einem Sparschäler der Länge nach in dünne Scheiben schneiden. Eine Zucchinischeibe klein rollen und in die Mitte der Tarte setzen. Rund um diese, die anderen Scheiben abwechselnd schichten.

Rohgenusskunde: Bis ins 18. Jahrhundert war die Pastinake hierzulande ein wichtiges Grundnahrungsmittel. Durch ihre gute Lagerfähigkeit versorgte sie die Bevölkerung auch in den Wintermonaten mit Nährstoffen und anderen wertvollen Inhaltsstoffen.

Feldsalat mit Granatapfel und Mandarinen

Für eine doppelte Erfrischung

100 g Feldsalat
4 Mandarinen
1 Granatapfel
1 Knoblauchzehe
3 EL Himbeeressig
2 EL Leinöl
Salz

Mandarinen schälen und in Spalten aufteilen. Den Granatapfel entkernen. Die Knoblauchzehe pressen und alle Zutaten vermengen und den Salat nochmals abschmecken.

Tipp: Für eine besonders fruchtige Variante können noch Apfel- oder Birnenstücke eingearbeitet werden.

GARANTIERT KINDERTAUGLICH

Süße Ravioli mit Vanillecreme

Für 2 Schleckermäulchen

2 große Orangen
100 g Nüsse
3 EL Beeren
1/2 TL Vanillepulver
1 TL Agavendicksaft
1 TL Zitronensaft
1 Glas Vanillecreme
essbare Blüten zur Dekoration

Orangen abschälen und in dünne Scheiben schneiden. Für die Beerentopfenfülle Nüsse, Beeren, Vanillepulver, Agavendicksaft und Zitronensaft zu einer feinen Creme mixen. Die Beerenfülle auf den Orangenscheiben verteilen und zusammenklappen. Mit Vanillesauce servieren und mit etwas essbaren Blüten bestreuen.

Vanillecreme

Für 1 Glas

100 g Cashewkerne
1 TL Agavendicksaft
50 ml Kokosöl
1 Prise Salz
Mark einer Vanilleschote

Alle Zutaten zu einer Sauce pürieren und eventuell mit etwas mehr Süße oder Vanille abschmecken.

Rohgenusskunde: Die Ernte von südeuropäischen Orangen startet im späten Herbst und geht bis etwa März, so dass bei uns speziell in der ansonsten an Frischem eher armen Jahreszeit ein reichliches Angebot herrscht.

Eiskonfekt mit Granatapfel

Für 30 kleine Konfekts

150 g Mandeln
120 ml Agavendicksaft
15 g Kakaopulver
160 ml Kokosöl
1 TL Zimt
1 kleiner Granatapfel

Mandeln, Agavendicksaft, Kakaopulver, Zimt und Kokosöl zu einer sehr feinen und gleichmäßigen Masse pürieren (ist eher dünnflüssig). Eine kleine Auflaufform mit Frischhaltefolie auslegen und die Konfektmasse eingießen. Den Granatapfel entkernen und die Kerne auf der Konfektmasse verteilen. Das Eiskonfekt im Kühlschrank für 6 Stunden härten lassen (oder für eine Stunde im Tiefkühler) und anschließend in Würfel schneiden. Das Eiskonfekt unbedingt im Kühlschrank aufbewahren.

Rohgenusskunde: In China gilt der Granatapfel wegen seiner vielen Kerne als Symbol für Fruchtbarkeit und Kinderreichtum.

GARANTIERT KINDERTAUGLICH

Apfelpiccolino (süße Minipizza)

Für 2 hungrige Kindermäuler

1 großer roter Apfel
2 EL Beeren (TK-Ware)
1 große Dattel
20 g Nüsse
1 MSP Vanillepulver
1 MSP Zimt
1 TL Zitronensaft
2 EL Walnüsse gemahlen
2 Zwetschken
2 Mandarinen
1 kleine Birne

Für die „Pizzasauce" Beeren, Nüsse, Dattel, Vanillepulver, Zimt und Zitronensaft gut pürieren. Entkernte Zwetschken, geschälte Mandarinen und entkernte Birne in sehr kleine Würfel schneiden. Den Apfel in ca. 5 mm dicke Scheiben schneiden und mit der Beerencreme bestreichen. Mit klein gewürfeltem Obst belegen und mit den gemahlenen Walnüssen bestreuen.

Tipp: Kinder lieben es in der Küche mitzuhelfen - dann schmeckt das Essen gleich doppelt so gut!

Asiatischer Chinakohlsalat

Für 2 exotische Salatliebhaber

1 kleiner Chinakohl
100 g Mandeln
5 EL Olivenöl
50 ml Agavendicksaft
100 ml Sojasauce
100 ml Apfelessig
1 EL frische Kräuter nach Wahl
Chilifäden
Salz

Chinakohlsalat in feine Streifen schneiden. Mandeln grob hacken. Alle Zutaten mit dem Chinakohl und den Mandeln vermengen und bei Bedarf noch etwas Salz zufügen. Den Salat gut 20 Minuten ziehen lassen.

Orangen Granatapfelsalat

Für 2 erfrischende Salatliebhaber

4 Orangen
1 Granatapfel
10 Blätter frische Minze
1 EL Nussöl
20 g Pistazien
Saft einer halben kleinen Zitrone
1 TL Agavendicksaft (manche mögen´s süßer)
1 großzügige MSP Zimt
Kokosstreifen oder Kokosflocken zur Dekoration

Die Orangen schälen und filetieren. Granatapfel entkernen. Die Minze und die Pistazien fein hacken. Orangenfilets, kleingehackte Minze und Pistazien mit den restlichen Zutaten vermischen und mit Kokos dekorieren.

Coleslaw
(amerikanischer Krautsalat)

Für 2 cremige Salatliebhaber

1/4 Weißkraut
1/4 Rotkraut
1 Karotte
1 kleine Zwiebel
1/2 Bund Petersilie feingehackt (optional)
40 g Cashewkerne
100 ml Olivenöl
Saft einer Zitrone
1 Knoblauchzehe
Salz und Sesam

Für das Dressing die Cashewkerne mit Olivenöl, Zitronensaft, Salz und Knoblauch zur einem sämigen Sößchen mixen. Weißkraut und Rotkraut sehr fein nudelig schneiden. Die Karotte grob reiben. Das Gemüse mit der Sauce vermengen und 1 Stunde durchziehen lassen. Den Salat nach der Ziehzeit mit Petersilie vermischen. Sesam oben drauf und frisch servieren.

Rezeptregister

Notizen